Los 10 Hábitos Que Controlan Tus Emociones : La Conexion Cuerpo-Mente

DANIEL BASTIDA

ISBN: 9798396282353

DEDICATORIA

Para mis maravillosos lectores. Ustedes me motivan a escribir mejores libros. Los quiero.

CONTENIDO

AGRADECIMIENTOS

Gracias a todo mi equipo de edición y redaccion

¿Por Qué Este Libro?

Antes de convertirme en un autor profesional, era como
todas las demás personas, asistí a la escuela, a la universidad y
adquirí una profesión. Recuerdo cómo tuve que lidiar con los
desafíos que encontraras en este libro. En el proceso de
escritura tuve que reproducir situaciones de la vida por las
que pasé para que el lector pueda entenderlas.
Dicho esto: Si a veces hablo del pasado en este libro, es solo
para ayudar al lector a comprenderse mejor a sí mismo. Todo
el mundo, para comprenderse a sí mismo, necesita reproducir
mentalmente aquellas situaciones de la vida por las que ha
pasado antes, y repensarlas.

Este libro te ayudará a sentir compasión por ti mismo y te
ayudará a controlar tus emociones sin tener que pasar por
una consulta de psicoterapia. Siguiendo la descripción simple
y directa de este libro, comenzará a cambiar su "diálogo
consigo mismo" o su diálogo interno. Incluso tus emociones

e impulsos más vergonzosos se acostumbrarán a ser tratados con interés en lugar de juicio, con cuidado en lugar de repugnancia. Descubrirá que sus sub-personalidades no son en absoluto lo que parecen. Representan fuerzas internas que han sido reprimidas por circunstancias difíciles de la vida. Te animarás aún más a darte cuenta de que tienes un núcleo, una esencia que no se ve afectada por los episodios traumáticos de la vida.

Las emociones son la fuente de hermosas cualidades que podemos usar para dirigir tanto nuestra vida interior como la exterior. De esta manera el libro nos libera de ideas patológicas y pesimistas aprendidas sobre nuestras emociones. Ofrece una visión nueva, optimista y creativa de la mente y la facilidad con la que puede cambiar y sanar para lidiar mejor con sus emociones.

Este libro "Los 10 Hábitos que Controlan tus Emociones" es imprescindible para cualquier persona interesada en las EMOCIONES POSITIVAS de la vida. Al estudiar las técnicas sugeridas por el autor, aprenderá a controlar sus sentimientos, dejará de preocuparse por nada. Este libro sin duda mejorará la calidad de tu vida…

Introducción

Por lo general, en un libro sobre autoayuda, el lector se siente atraído por la perspectiva de aumentar su eficacia para enfrentar los desafíos de la vida. Un maestro o padre tiende a utilizar el conocimiento para enseñar y educar mejor a los niños en la escuela o en la familia. Pero el proceso de educación implica que el educador también debe mejorarse a sí mismo.

Muchas personas leen no para hacer algo con lo que leen, sino por leer, para obtener información, para contarle a alguien más tarde lo que han leído. No estoy seguro que una lectura asi sea interesante. No recopilé datos sobre 'superpoderes', 'supermemoria', 'superfuerza' y otros 'superpoderes', sobre los que se escribe muy a menudo para sorprender al lector y hacerle sentir alguna debilidad.

Cuando escribí este libro tenía la intención de hablarle a un lector sin formación psicológica especial, lo que me impulsó a deshacerme de los términos científicos en todas las formas posibles, reemplazándolos con palabras cotidianas. Me basé en la experiencia cotidiana del hombre y, por lo tanto, muchas cosas en el libro parecen banales, conocidas e incluso lugares comunes.

Al mismo tiempo, sin embargo, creo que este libro contiene muchas declaraciones que no son del todo familiares. Por ejemplo, para volverse fuerte, no tiene que esforzarse constantemente para desarrollar fuerza y resistencia; para desarrollar la memoria, no tienes que entrenar tu memoria; para llevar una dieta, no tienes que prohibirte comer lo que quieras y tanto como quieras; para aprender a levantarse a tiempo no hace falta un despertador; para desarrollar el pensamiento, no es necesario resolver acertijos, y mucho más. El conocimiento científico es paradójico si lo miras desde la perspectiva de las percepciones ordinarias, desde la perspectiva de lo familiar. Porque es ciertamente paradójico que no sea el Sol el que gira alrededor de la Tierra, sino que la Tierra, girando alrededor de su eje, crea esta ilusión. Pero esto no nos parece una paradoja, ya que la posición científica sobre la estructura del sistema solar se nos ha vuelto habitual.

La cognición científica esconde muchas verdades que distan mucho de los estereotipos habituales del entendimiento. Por eso, estas verdades a veces parecen paradojas.

Este libro pretende ayudar al lector a convertirse en un psicólogo de sí mismo. Por lo tanto, expone las regularidades y mecanismos básicos de la vida psíquica humana en relación a cómo funcionan en nosotros mismos, y en relación a cómo utilizarlos para nosotros, nuestra crianza. El autoconocimiento y el conocimiento científico son cosas diferentes. Un hombre puede saber mucho, pero no ser capaz de aplicar el conocimiento a sus tareas. El médico que no puede curarse a sí mismo, el entrenador que tiene sobrepeso, el psicoterapeuta que no puede dejar de fumar y se justifica de varias maneras, el educador que se encuentra en un callejón sin salida porque no sabe qué hacer con los niños que están "fuera de control" pueden llamarse personas que poseen tesoros de conocimiento que son inútiles para ellos. El conocimiento que no se usa está muerto e inútil. Uno recuerda la respuesta de Sócrates a sus discípulos, quienes le preguntaron por qué no escribía libros, si sabía tanto; él les respondió: "No deseo transferir conocimiento vivo a pieles de ovejas muertas". Bajo estas circunstancias, es difícil resistir la tentación de redefinir el conocimiento sin referirse a la familiar teoría de la reflexión a la que estamos acostumbrados desde la universidad.

Por conocimiento entenderemos algo intangible, que es una condición para la eficacia del comportamiento, la actividad e incluso la vida. El conocimiento puede ser realizado por nosotros, pero también puede funcionar sin nosotros. Por ejemplo, nuestro corazón sabe qué hacer cuando estamos enojados o asustados. Es posible que no seamos conscientes de lo que hace. En realidad, no es el corazón el que sabe, sino lo que se sienta en nosotros y trata con nuestro corazón y lo gobierna. No tenemos que ser conscientes de lo que sabe.

Esto nos permite pensar que puede haber conocimientos de los que no tenemos idea. Además, este conocimiento puede ser vivo, por ejemplo, el conocimiento que "trabaja" en nuestro corazón, y muerto, el conocimiento que se almacena sin aplicación.

El conocimiento se vuelve vivo si se aplica para lograr ciertos fines. Por lo tanto, espero que gran parte de este libro pueda ser una fuente de conocimiento vivo para la autoayuda y la mejora. El proceso de comprenderse a uno mismo y el estudio de la psicología por medio de un libro, un libro de texto, son cosas diferentes. Para ello, el lector debe aprender a mirarse a sí mismo "desde dentro" y "desde fuera" ya aplicar los conocimientos psicológicos al autoconocimiento. Los conceptos científicos se desarrollan para descubrir nuevas regularidades de la vida mental humana sobre la base de regularidades ya conocidas y teoría desarrollada. Y la superación personal no requiere descubrir nuevas leyes de la psicología; es suficiente poder aplicarlas a uno mismo. Aunque no excluye una posibilidad de descubrimiento por uno mismo. Entonces, desde la asimilación de la ciencia hasta la aplicación del conocimiento científico aplicado a uno mismo, hay una gran distancia.

Por lo general, la transición al conocimiento de la propia emoción o psique se facilita con la ayuda de un psicoterapeuta, un consejero psicológico, es decir, con la ayuda de otras personas que enseñan cómo aplicar el conocimiento a uno mismo, transmitiendo su experiencia. Mi experiencia con la emoción y cómo controlarla es lo que quiero compartir con el lector de este libro para animarlo a convertirse en un psicólogo-asesor para sí mismo y sus seres queridos. La autoayuda y la superación personal son imposibles sin conocimientos de psicología. No me equivocaré al llamar a este libro psicología para un no psicólogo.

Conociendo Tus Emociones

Manejar tus emociones implica conocerlas. ¿No conozco mis emociones? ¿Porque las estoy experimentando? ¿Qué más hay que saber? El lector puede tener muchas interrogantes después de leer este titular. Experimentar y conocer no son una misma cosa. Experimentar emociones no nos da la clave para gestionarlas, pero conocerlas sí.

¿Somos capaces de controlar nuestras emociones? ¿Puedes, por ejemplo, eliminar los sentimientos de vergüenza o culpa realizando algunos actos internos de gestión emocional? Puedes responder afirmativamente a estas preguntas si sabes cómo hacerlo. Y si no puedes, entonces tu habilidad para manejar tus emociones se trata simplemente de no mostrarlas externamente: 'Estoy avergonzado pero finjo que no me importa', 'estoy herido pero escondo el dolor', 'estoy ofendido pero exteriormente no lo manifiesto'... Si alguien pregunta: "¿Estás ofendido?" y respondes, "¡No!", solo muestras que no puedes contener la manifestación externa de la emoción. A veces te sientes herid@, pero en algún lugar interior ingenuamente piensas que los demás no se dan cuenta.

Las emociones se pueden transformar en cualquier cosa, en ira por ejemplo, lo que generará pensamientos vengativos. En consecuencia, seras incapaz de controlar la emoción si sigue funcionando de forma encubierta.

Para gestionar un sentimiento o emoción, debemos saber cómo funciona, qué actos del alma hacen que aparezca y siga existiendo a pesar de que queramos ocultarlos.

Placer Y Disgusto. Lo Agradable Y Lo Desagradable

Es muy difícil describir estas experiencias. Si queremos hacerlo en términos de comportamiento, podemos decir que el placer es algo que queremos repetir, volver a experimentar, mientras que el disgusto no lo es. Si vemos una rata con electrodos implantados en sus centros de placer cerebrales y negándose a comer porque sí, entonces tenemos razones para suponer que obtiene más placer que comida como resultado de la acción. Entonces, ya podemos juzgar estas experiencias por los signos externos de comportamiento.

También podemos definir estos conceptos en términos de comportamiento de aproximación y evitación, incluida la noción de anticipación de estas experiencias. Una experiencia será placentera si su anticipación provoca un comportamiento de acercamiento, y viceversa. No menos importante es nuestra capacidad de anticipar el futuro. Nuestros deseos dependen de esta anticipación. El deseo es siempre la anticipación de experiencias placenteras como resultado de alcanzar un futuro determinado.

Si comenzamos a considerar estas experiencias "desde dentro", no necesitan definición alguna: agradable es agradable, desagradable es desagradable. Pero intentemos dar un paso más e imaginemos en qué consiste el placer. En primer lugar, en acciones que conduzcan a una cierta integridad y coherencia interior, orden. El placer siempre tiene la apariencia de aquellas acciones hedonistas, como resultado de las cuales se logra la conformidad con algún estado esperado. El placer de un dulce será completo si corresponde a algún modelo afectivo del dulce. El placer del éxito también resulta del hecho de que ciertas acciones en una situación dada conducen a la confirmación de algún modelo afectivo de éxito. Estos patrones afectivos en sí mismos son programas de comportamiento hedónico. Estas acciones hedónicas pueden ser reales o imaginarias, pero en cualquier caso contribuyen a la creación de placer. Cuanto más estable es el programa de tal comportamiento, cuanto más completo y modelado, más habitual es la recepción de la satisfacción. Dado que estos programas a menudo no los realizamos debido a su naturaleza habitual, el placer surge como por sí mismo. Si nos concentramos, podemos ver este comportamiento hedonista.

Así, el placer es siempre la realización de algún modelo afectivo, por lo que todo placer va precedido de un programa de placer estable. Por ejemplo, el placer de comer está precedido por el placer de chupar, que es primario y que el cuerpo no aprende. Acciones similares a chupar mientras se come aumentan el placer de comer. Sin embargo, estos mismos elementos tempranos del comportamiento hedonista en su forma más pura son la fuente de placer en un tipo de comportamiento hedonista completamente diferente, como los besos.

El hombre nace con patrones rudimentarios de comportamiento hedonista.
Son innatos dado que la acción consiste inicialmente en la tensión y relajación de los músculos, llevada a cabo de acuerdo con un programa determinado, el disfrute consiste inicialmente en cambios en el estado del músculo. La relajación que viene después de la tensión es placentera si la mente está enfocada en ese estado. Poco a poco, algunos grupos musculares, junto con su función instrumental, adquieren funciones hedónicas. Ejemplos: músculos de la lengua, espalda baja, perineo, etc.

El sistema muscular simboliza actividad, penetración en algo, destrucción del entorno, pero al mismo tiempo puede traer seguridad y placer; aquí el significado de la acción está determinado por la actitud. Las manos de una persona pueden ser órganos de agresión y, al mismo tiempo, también los órganos que brindan placer y seguridad, por ejemplo, al acariciar.

Por lo tanto, el placer tiene un doble carácter: con la ayuda de los músculos es posible no solo realizar acciones que den placer al propio sujeto que actúa, sino también dar placer a otro. En consecuencia, el placer puede ser activo o pasivo, lo que depende de la actitud de "ser sujeto" o "ser objeto" de la influencia hedonista. Por lo tanto, masticar, tragar y saborear los alimentos contienen tanto el placer del esfuerzo como el placer que proviene del efecto sobre la membrana mucosa. Me gustaría llamar la atención sobre la importancia secundaria de la sustancia alimenticia, sus cualidades gustativas. Intenta poner algo que creas que sabe bien en tu boca, y encontrarás que para extraer sabor y placer necesitarás realizar acciones. El disfrute es de naturaleza conductual. Saber esto nos permite dirigir nuestros pensamientos hacia una comprensión adecuada de la naturaleza del placer y el displacer, conocerlos y, en consecuencia, controlarlos.

El placer, como el sufrimiento, anida en la mente. No hay placer inconsciente ni sufrimiento inconsciente. Cuando estamos ausentes, no hay alegría en nosotros. El sueño profundo sin sueños no puede traer alegría ni sufrimiento. Estas experiencias requieren que estemos parcialmente conscientes, que es lo que ocurre durante los sueños de los que despertamos. El placer aumenta con la concentración de la conciencia en actividades hedonistas. A mayor concentración, mayor placer. A menudo, la incapacidad para obtener placer, como en el sexo, es consecuencia de la distracción, una incapacidad para concentrarse, que a su vez se debe a barreras emocionales ocultas en el inconsciente. La mayoría de las veces, es un complejo de miedo, una represalia por el placer. Asustado por el fracaso sexual pasado, un hombre se vuelve insostenible en el sexo por la sencilla razón de que no puede convertir el objeto de su atención en objeto de placer, sino que piensa en la condición de sus propios genitales. Percibir tus propios genitales, pensar en ellos, no ayuda a tener una erección.

La incapacidad para tener placer puede provenir incluso de la falta de práctica de acciones hedonistas y su inconsistencia con el modelo afectivo. Un niño que no sabe cómo manejar una golosina tiende a devorar dulces como pan o papas, y es incapaz de tener placer a pesar de que come una cantidad excesiva de dulces. El hombre se queja de insatisfacción e insuficiencia en el sexo. Cuando era adolescente, la masturbación elaboró patrones de comportamiento hedonista que resultaron inadecuados en el matrimonio porque el modelo afectivo de placer del hombre era demasiado diferente del coito real que tenía con su esposa. Lo mismo sucede con las mujeres que no están satisfechas en el coito con sus maridos y se ven obligadas a tener un orgasmo en la masturbación secreta después.

La incapacidad para obtener placer puede ser el resultado de una experiencia desfavorable en la que el comportamiento hedonista recibió un fuerte refuerzo negativo. Alternativamente, es causado por una confluencia de circunstancias objetivas, por ejemplo, el placer de succionar de un bebé se castiga con asfixia porque el niño simplemente tiene la nariz tapada, o por la supervisión excesivamente

vigilante de un adulto. Como resultado de la repetición de tales situaciones, un
complejo de represalia de placer, que bloquea las formas de obtener placer, ya sea que estén permitidas o no.

Toda actividad es posible porque implica la liberación de energía. Dado que vemos el placer como la realización de un comportamiento hedonista, esto permite verlo también como un proceso energético.

La energía atada a los músculos, la piel y las mucosas se libera en el comportamiento hedonista, y esto está relacionado con el poder del placer. Cuanto más se ata esta energía, más placer se experimenta en su liberación. La repentina liberación explosiva que ocurre en el comportamiento sexual se conoce comúnmente como orgasmo, y cuanta más energía se acumula en los músculos, las membranas mucosas y los centros nerviosos del sistema funcional sexual, más fuerte es el orgasmo. S. Freud (un neurólogo austríaco y el fundador del psicoanálisis) llamó a esta energía la libido. A menudo usaba el término "energía libidinosa". Tal mal uso de la palabra sugiere la existencia de diferentes energías, lo que no contradice el enfoque científico. Sin embargo, la noción de energía libidinosa, o energía de la libido, no ha entrado en la psicología en estrictas descripciones operativas, como exige el pensamiento científico. No comparto la noción de una energía libidinosa específica. Estoy más cerca de la idea de que la energía liberada en relación con la realización de la actitud libidinosa adquiere la capacidad de inducir placer. Esta capacidad está condicionada precisamente por la actitud ante el placer. De ahí la conclusión de que sin esta actitud de placer, las acciones no pueden adquirir una calidad hedonista, aunque lo parezcan. Por ejemplo, una mujer frígida que es capaz de experimentar placer en las relaciones eróticas, lo pierde repentinamente desde el momento en que considera que está involucrada en una relación sexual.

El autoconocimiento, por tanto, consiste en conocer aquellas necesidades que te subyugan, borrando tu individualidad y convirtiéndote en un robot. El conocimiento de estas necesidades son necesarias precisamente para administrarlas y eliminar el estado en que las necesidades te gobiernan a través del "hombre de costumbres". Mi individualidad no consiste en la multiplicidad de necesidades (no las pongo yo, sino mi forma de vida, y no caracterizan mi individualidad; estas necesidades ya existían antes que yo), sino en la proporción en que el placer y el sufrimiento resultantes de una necesidad dada están en mí. Si por una unidad de placer por la satisfacción de esa necesidad son cinco unidades de sufrimiento por la insatisfacción, esto es mejor que si la proporción fuera de uno a diez. Aparentemente, lograré la armonía completa si la proporción es de uno a uno, cuando es tan placentero rechazar el placer como lo es recibirlo. Ahí es cuando puedes controlar completamente tus deseos y alcanzar el camino original de ascenso a tu verdadera identidad.

Nuevo Pensamiento Sobre Las Emociones

Desde Platón, hemos pensado que el alma consta de tres factores relativamente independientes; mente, voluntad y emociones, todo lo cual se basa en la emoción. Si la mente y la voluntad están hasta cierto punto sujetas a nosotros, las emociones siempre surgen y actúan involuntariamente, al margen de nuestra voluntad y deseos. Lo sabemos por nuestra propia experiencia, cuando surge una emoción que subordina nuestra mente y voluntad.

La vergüenza, por ejemplo, moviliza nuestra mente y voluntad para cambiar nuestro comportamiento o condición para evitar la misma (si no es en el momento, entonces sera en el futuro). Rara vez actuamos desafiando la vergüenza. Aristóteles creía que la vergüenza era algo útil para los jóvenes, que les evitaba hacer cosas malas. "Pero no alabamos a un adulto si se avergüenza", dijo el filósofo. Un adulto, pensó, debería proporcionar su comportamiento al bien, no a su sentido de la vergüenza. Podemos agregar a esto que el comportamiento virtuoso inducido por la vergüenza es un comportamiento protector de la misma y, por lo tanto, no es virtuoso. Si la vergüenza es el regulador de la conducta, es difícil prever cómo será si esa persona se hace adulta y se libera de la vergüenza.

Sin embargo, si la vergüenza ya existe, no podemos eliminarla, sino sólo ocultarla, no mostrarla a nuestra vista. En consecuencia, surge en el ámbito inconsciente, es decir, es generado por acciones habituales de la mente que ocurren fuera del control consciente. Nuestra conciencia trata con el producto terminado del trabajo de nuestra mente, y no sabe cómo se obtiene este resultado. Por eso la conciencia no puede controlar emociones como la vergüenza, la culpa, el resentimiento, el asco. Por lo tanto, la cognición de la emoción debe dirigirse a la conciencia de aquellas operaciones de la mente por las cuales se produce esa emoción. Nuevamente llegamos a la exigencia de hacer consciente lo inconsciente.

Cualquier emoción surge en determinadas circunstancias. La información sobre su evaluación se procesa, lo que da como resultado una emoción. Este complejo trabajo de nuestra mente puede ser entendido y controlado. Cuanto más primitiva y simple es la emoción, como el miedo o el asco, más difícil es de comprender. Las emociones superiores, por otro lado, son más fáciles de entender porque los programas mentales que dan lugar a estas emociones surgieron más tarde, más recientemente. Si experimentamos miedo e ira en la infancia, y tal vez incluso en el estado prenatal, entonces la envidia, la vergüenza y el resentimiento comenzaron a sentirse desde el momento de la autoconciencia, no antes de los tres años. Durante este período de desarrollo emerge el autoconcepto y, gracias a la palabra, las operaciones mentales se vuelven controlables. Por lo tanto, comenzaremos nuestro análisis psicológico con emociones superiores.

Emociones Que Surgen Cuando Nos Comunicamos Con Otra Persona

La otra persona puede ser una fuente tanto de alegría como de problemas. A través del otro satisfacemos la mayoría de nuestras necesidades, desde el otro nos contagiamos enfáticamente de alegría o miedo, el otro puede velar por nuestra seguridad o, por el contrario, reducirla. Su estado mental nos afecta, aunque tenemos una vaga idea de cómo sucede. ¿Tal vez inconscientemente desciframos las expresiones faciales y los gestos del otro involuntariamente, o tal vez el misterioso biocampo generado por sus sentimientos funciona y resonamos en respuesta a sus vibraciones?

¿Cómo Funciona El Resentimiento?

Si un burro te patea, espero que no te ofendas. Si eres atacado por alguien que no conoces, es probable que tampoco te ofenda, sino que te asustes, huyas o pelees. Pero si ves a tu amigo descuidando tus intereses o a alguien a quien amas comportándose contigo de manera muy diferente a lo que esperas, existe un sentimiento desagradable que llamamos resentimiento.

En consecuencia, la emoción surge del choque de mi pensamiento que he arrojado sobre la realidad, en este caso sobre la conducta de otro, con la conducta real de ese otro.

Además, es necesario que ese otro sea significativo para mí, o tal vez amado. Que sea un amigo, un amor, una esposa o un ser querido. Cada una de estas categorías de personas evoca en mí alguna expectativa de cómo deben comportarse según sus roles en relación conmigo. Distinguiremos aquí al menos tres elementos:

(a) Mis expectativas sobre el comportamiento de la persona que se orienta hacia mí; cómo debe comportarse si es mi amigo. Las percepciones de esto se forman en la experiencia de la comunicación.

b) El comportamiento de esta otra persona que se desvía de mis expectativas de manera desfavorable; por ejemplo, espero que mi hijo sea considerado y que vaya a tiempo a buscar el pan, pero está leyendo en un libro y se le olvida hacerlo.

c) Nuestra reacción emocional es provocada por un desajuste entre nuestras expectativas y el comportamiento del otro.

El insulto se diferencia del abuso en que cuando insultamos, el comportamiento del otro no solo se desvía de tus expectativas, sino que también tiene el propósito de hacerte sufrir, para que el insultador no sienta culpa. Cuando nos ofendemos por alguna ofensa, absolvemos al otro de la culpa, reducimos su sufrimiento y reconocemos que no nos ama. Cuando una ofensa se trata como un insulto, se convierte más rápidamente en ira y agresión. Este último atrae la energía de la ofensa y el insulto hacia sí mismo y, por lo tanto, disminuye el sufrimiento de la ofensa. La agresión y la ira, como hemos demostrado antes, son mecanismos de defensa filogenéticamente más antiguos. Esto explica por qué algunas personas enojadas y agresivas piensan que no están ofendidas y que su principal problema es la ira. En realidad, la ira es generada por los mismos mecanismos mentales del resentimiento, que automáticamente se transforma en ira. El arte del autoconocimiento en este caso es discernir el resentimiento detrás de la ira. Pero la ira también puede ser causada por cualquier otra emoción desagradable. El resentimiento destruye nuestros cuerpos en cuanto implica agresión mental, pensamientos en los que castigamos al ofensor, y esto no puede sino agotar nuestro sistema inmunológico, que entra en un estado de disposición para entablar una buena pelea, provisto por instintos antiguos, conservados en hábitos humanos.

Culpa

En la interacción de los amantes, la ofensa de uno se complementa con la culpa del ofensor. Por lo tanto, el dispositivo de la culpa es lo opuesto al resentimiento. Si te he ofendido, la percepción de signos externos de resentimiento en tu rostro comienza a atormentarme con la culpa. Además, si yo mismo soy ofensivo, es decir, por lo general sufro mucho por ofender, entonces en consecuencia asumo que el ofendido también sufre, y esto refuerza la culpa en mí. Se ha observado que los resentidos sufren ellos mismos más la culpa que los no resentidos. Llevamos nuestra culpa y resentimiento dentro de nosotros debido al don de pensar. Los pensamientos involuntarios y aleatorios que surgen por sí solos pueden activar una actividad constructora de culpa en las situaciones más inapropiadas. Cuanto más involuntario y espontáneo es el pensamiento, más a menudo aparece la culpa en la mente, causando dolor.

Exteriormente, la culpa no tiene signos especiales en la expresión, los gestos o las expresiones faciales, a menos que solo el que sufre la culpa diga que es culpable. Por lo tanto, si tratamos de mirar internamente la culpa, vemos que surge de una actividad involuntaria y habitual, cuyos resultados pueden describirse aproximadamente de la siguiente manera:

(a) Cómo debo ser o cómo debe ser mi comportamiento de acuerdo con las expectativas de otro. Mi mente construye automáticamente un modelo de cómo debo ser. Aquí no hay criterios precisos. De hecho, no sé realmente las expectativas del otro; Los construyo según ideas generales sobre lo que el otro espera de mí. Este modelo de expectativas puede ser real, es decir, puede corresponder al menos en momentos clave a las verdaderas expectativas del otro, pero también puede ser bastante diferente de lo que son las expectativas del otro.

b) La percepción de mis propios sentimientos o comportamiento aquí y ahora.

c) El acto de comparar el modelo de expectativa con su propio comportamiento, resultando en el descubrimiento de una discrepancia, cuya agonía es apoyada por la aparición de la emoción del resentimiento en el rostro, en las palabras y el comportamiento del otro. Cuanto más ofendido esté él en la realidad o en tu imaginación, más fuerte se vuelve tu sentimiento de culpa. Esta desintegración en ti es insoportable porque el sistema nervioso es sensible a cualquier desalineación en el sistema del yo. Este sufrimiento es irracional y similar al Caos místico que incluso los dioses temían. Esta desconexión entre lo que deberías ser aquí y ahora, y quién eres, se amplifica y refuerza; el otro ofendido se defiende de la ofensa por medios primitivos y antiguos, se enfada y se vuelve agresivo, lo que es aún más angustioso porque viene del amor.

Si en el resentimiento una persona todavía puede hacer frente a sus emociones cambiando sus expectativas sobre el otro, ajustándolas a la realidad, aceptando al otro tal como es, finalmente perdonándolo, la culpa no puede ser cambiada por estos actos de nuestra alma. La culpa se sienta en una persona como una astilla. Es un tirano sombrío que atormenta el alma de los culpables sin piedad. Si los dioses se amaban y Prometeo realmente no solo rompió el pacto, sino que también ofendió a su padre, debe sufrir la culpa, que no se vence con el poder del sufrimiento. A Prometeo le volvió a crecer el hígado de la noche a la mañana, que es lo que simboliza este proceso.

Una vez leí con fascinante interés una novela de fantasía en la que el héroe, un tirano torvo y déspota, ideó un sistema que permitía programar duramente el comportamiento de sus habitantes mediante electrodos implantados, quienes, cada vez que tenían pensamientos de actuar contra el tirano, automáticamente recibian un golpe doloroso; cuando alababan su forma de vida y obedecían, una recompensa. Ahora me asombra la idea de que la ficción, incluso la más fantasiosa y sofisticada, va a la par de la vida. ¿Se pueden comparar estos primitivos electrodos implantados en el cerebro con los sistemas funcionales automatizados de operaciones mentales que generan la culpa y la vergüenza por las que la cultura y las personas que nos rodean programan nuestro comportamiento e incluso nuestros pensamientos? Cada vez que mi comportamiento se desvía de las expectativas de los demás a través de las cuales opera la cultura, recibo mi dosis de dolor, llamada culpa.

Vergüenza

Cuando pienso en algunos de mis amigos que sufren el temor de ser culpables o incapaces, recuerdo una frase de los antiguos: "¡Azotados por la vergüenza, son atraídos por la virtud!" La vergüenza es un sentimiento fuerte cuyo significado funcional es regular el comportamiento de uno de acuerdo con las normas fijadas en el autoconcepto de uno. A través del desarrollo del autoconcepto y la aparición de la vergüenza, el proceso de socialización y educación de los niños se pone "en automático". Si uno ha logrado introducir cualidades tales como "soy inteligente", "soy veraz", "soy generoso" en su autopercepción, entonces el que lleva estos criterios se sentirá avergonzado cada vez que no sea muy inteligente o tiene que mentir por el bien de los familiares, o no puede ser generoso por no donar su dinero a alguna obra de caridad. Cada vez, estará internamente desgarrado por un sentimiento de vergüenza. La desalineación del autoconcepto con el comportamiento real de uno se traduce en una experiencia muy difícil. La emoción de la vergüenza promueve una socialización violenta de la persona que se siente atraída por la virtud bajo los golpes de la vergüenza.

La vergüenza es mantenida por el entorno de uno para su propia seguridad y comodidad. Estamos seguros de que la persona concienzuda y tímida actuará incluso en su propio perjuicio, siempre que su comportamiento se ajuste al concepto de sí mismo incrustado en él. "Aquí y ahora debo ajustarme a mi autoconcepto en mi comportamiento, condición, posición en la sociedad, nivel de desempeño de roles, apariencia, vestimenta, habilidad y mucho más". Este es el imperativo cuya violación se castiga con la vergüenza. Sin embargo, la inducción de la vergüenza es rígida e infantil. Aristóteles entendió esto, aunque estaba lejos de las ideas del psicoanálisis. La persona en su desarrollo individual tiene que pasar por la vergüenza. Sin embargo, más lejos no puede ser guiado sólo por la vergüenza.

Nuestra vergüenza dice mucho más sobre nosotros de lo que nos damos cuenta. Así que pensar en la vergüenza es una de las formas más seguras de descubrir no lo que quiero ser, sino lo que soy. La vergüenza también consta de tres elementos:

a) Cómo debo ser aquí y ahora según mi autoconcepto.

b) Cómo soy aquí y ahora.

c) La discrepancia y su conocimiento.

Para conocer la vergüenza es necesario tener una idea de cómo se desarrolla en nosotros esta emoción, qué formas de su expresión podemos encontrar en nosotros mismos.

Las emociones que son algo similares a la vergüenza se pueden encontrar en los niños incluso antes de que se haya desarrollado la autoconciencia. Desde el momento en que el niño aprende a distinguir el rostro de la madre de los rostros femeninos desconocidos, puede tener reacciones de vergüenza, por ejemplo, cuando el niño se etiqueta a sí mismo y confunde a otra mujer con su madre. En este caso, el desajuste entre la realidad y la imagen de la madre genera vergüenza. El rostro de la madre se identifica consigo misma y el desajuste genera vergüenza. Lo mismo se puede observar cuando los adultos miran las acciones, gestos, posturas del niño y le parece al niño que los adultos las evalúan desfavorablemente. Algo similar a la vergüenza se le revela al niño cada vez que se convierte en objeto de una estrecha observación por parte de los adultos, lo que a menudo conduce a un retraso en la actividad del niño y él o ella tiene la oportunidad de concentrarse en cómo se comporta, lo que promueve la autoconciencia.

Esto explica por qué el desarrollo de la emoción de la vergüenza es una condición necesaria para el desarrollo normal de la persona y la formación de tu individualidad. Pero desde el momento en que la personalidad se ha formado y la individualidad ha cristalizado, deja de necesitar esta emoción como estímulo de actividad y conducta. La vergüenza sólo debería ser una señal de que, aquí y ahora, no me conformo con mi autoconcepto, nada más. Y mis pasos están determinados por la razón y la conciencia del bien. Parece ser en este sentido que Aristóteles dijo que "no alabamos a un adulto si se avergüenza.

Envidia, Vanidad y Orgullo

Mientras que la vergüenza se considera una emoción culturalmente justificada, la envidia se considera una emoción inferior. Hay una distinción entre la envidia "blanca", que no está mezclada con odio y hostilidad latente, y la envidia "negra", que está densamente mezclada con odio y hostilidad hacia aquellos que son "superiores" a mí.

Cuando, en una reunión de grupo con mis amigos, hice la pregunta: "¿Qué operación mental hace posible la envidia?" Mis amigos respondieron sin vacilar que tal operación es la comparación de hombre con hombre, o más precisamente, la comparación de uno mismo con otro "uno como yo". De esta comparación pueden surgir dos sentimientos: envidia si es desfavorable ("él es como yo, pero lo tiene mejor que yo"), y vanidad, orgullo, si es al revés ("él es como yo, pero yo tengo mejores que él"). Además, el objeto de comparación debe ser una cualidad a la que le conceda importancia. Toda la diversidad de los rasgos de una persona, su condición, estatus, capacidades, posesión, todo aquello con lo que se identifica, puede ser objeto de comparación. Tal vez, su esposa lo ama más, y sus hijos son más obedientes, e incluso tal vez, sus genes son mejores, aunque él es como yo.

Vamos a nombrar algunos elementos de la envidia o la vanidad:

a) El (o ellos) son como yo en algunos atributos formales externos.

b) Concentración de la atención en el objeto de comparación.

c) Envidia si la comparación no es a mi favor, orgullo si es viceversa.

En el mismo regodearse (si "él lo tiene peor que yo" y me siento superior a costa de que él lo tenga mal). Regodearse tiene la misma naturaleza que la envidia, pero también contiene un orgullo defectuoso en el hecho de que no solo lo tengo mal, sino que hay personas que lo tienen igual de mal y quizás incluso peor. Regodearse es una defensa contra la envidia, porque siempre puedes encontrar a quien lo tiene peor que yo, aunque yo lo tenga peor que alguna otra persona en la que estoy pensando en este momento.

Ser un villano ocurre cuando hago que alguien empeore para experimentar superioridad. No es una producción abstracta del mal, sino una acción concreta dirigida a otro a quien conozco y con quien me relaciono de cierta manera.

No es difícil entender que de un acto habitual de comparación se derivan emociones muy diferentes: envidia, orgullo, vanidad, regodeo, y esto sucede según la situación y la actitud de la persona.

Si yo renunciara a la comparación o me apartara por completo de sus resultados y no les diera importancia, estos sentimientos serían matados de raíz, incluso antes de que surgieran, y no tendría que luchar contra ellos demostrando que no hay envidia, no jactancia, etc. Nuestro entorno, es cierto, no nos prohíbe ser orgullosos y vanidosos, pues el orgullo se considera un sentimiento perfectamente aceptable. Pero no puedo renunciar a la comparación por muchas razones. La comparación es la operación mental básica mediante la cual funcionan el pensamiento y la cognición. Todas las propiedades de los objetos de la naturaleza se comprenden en comparación. Los resultados de la operación de comparación se basan en otras acciones mentales: abstracción, generalización, clasificación, construcción de series, evaluación, etc. Al rechazar la comparación, suprimiría también el trabajo del pensamiento.

La comparación es habitual porque es el motor de la cultura, en la que se entrelazan innumerables hilos. Desde el momento en que el hombre comenzó a cambiar los productos de su trabajo, ya en el cambio natural tuvo que comparar la cantidad de trabajo contenida por los objetos de cambio, y no sólo interesarse por sus necesidades, que se satisfacen con la cosa adquirida. La cultura moderna extrae su energía de las reacciones de la gente ante la comparación, que ha adquirido un carácter global; incluso la belleza y la verdad se comparan. Las emociones antes mencionadas actúan como coágulos de energía que, cuando se liberan, ponen en marcha el volante de la cultura.

El conocimiento de la envidia y el orgullo nos lleva a estudiar el acto de la comparación, al que recurrimos dentro y fuera de lugar. Al tratar de eliminar la envidia, debe abandonar la comparación y, por lo tanto, eliminar un sentimiento como el orgullo. Por supuesto, entonces te sales del tejido de la cultura. ¿Qué hay que hacer? Pero más sobre esto a continuación. Y ahora veamos las emociones conocidas en relación con la acción de identificarse con los demás.

Emociones Para Los Demás

La identificación es la acción de la mente por la cual nos identificamos con otras personas, posesiones y abstracciones, como la profesión, el grupo, el estado o el partido al que pertenecemos. Se pueden distinguir muchos niveles en la identificación: el nivel de propiedad; el nivel de pertenencia; el nivel de posesión; el nivel determinado por la distancia social (mi amigo, mi jefe); el grado de parentesco (mis hijos, mi esposa, mi esposo, mi tío); el grado de empatía (aquellos cercanos a mí o aquellos cuyas emociones me contagian, aquellos a quienes amo). Mi yo se extiende a ellos, y los sentimientos que me son peculiares surgen en conexión con estos otros. Puedo ofenderme por tener un mal coche, mala tierra, avergonzarme de representantes de mi profesión, colegas, errores de mi partido, mi esposa, hijos y familiares. Todo esto es evidencia de la "permeabilidad de los límites del yo" a medida que se incluyen más y más objetos en lo que me preocupa.

Los psicólogos creen que los límites (o la potencia) del yo están determinados, en primer lugar, por aquellos elementos del entorno que están sujetos hasta cierto punto a tu influencia. En segundo lugar, tú mismo incluye no sólo lo que está sujeto a tu control, sino también aquellos elementos del entorno en cuya condición y cambio no puedes influir. Por ejemplo, no eres capaz de controlar tu profesión o el comportamiento de los psicólogos, pero reaccionas a la forma en que se comportan y cómo son evaluados por la sociedad. En consecuencia, la identificación incluye tanto una forma particular de percepción como una reacción afectiva a esta percepción.

Las emociones para los demás son generadas por operaciones mentales similares que se realizan en ti, o supongo que también se realizan en el otro con el que te identificas. Estoy orgulloso de mi hijo o esposa y les adscribo las propiedades que generan orgullo en ellos. Si a esto le sumas también la acción de la empatía, los sentimientos hacia los demás se vuelven igual de vívidos y efectivos.

La encarnación, más aún como la espiritualización, también ocurre con las cosas con las que me identifico. Me parece que si mi auto pudiera pensar, experimentaría el mismo sentimiento que surge en mí cuando adelanto a otros autos en la carretera del campo. Me inclinaba a atribuir a mi Polkan, que ganó un premio en la exposición canina, una experiencia de orgullo, aunque las plumas de pavo real crecieron de mí, no del perro. Si tuviera que escudriñar su rostro, encontraría signos de la presunción que yo mismo estaba experimentando.

Estas emociones por los demás (resentimiento por mi esposa, vergüenza por un camarada, culpa por mi grupo, envidia u orgullo por mi hijo) nos programan de manera bastante tangible, aunque ignoramos su existencia y, de hecho, las excluimos del proceso de auto- conocimiento. Observo que la mayor parte del mal que hacemos a nuestros seres queridos se debe a la sumisión a sus emociones por ellos: la vergüenza por mi hijo puede dirigir mi agresión contra mi esposa, y la vergüenza por mi esposa aumentará el peligro de los celos latentes en silencio.

Nuestra capacidad de sentir emociones por los demás genera sentimientos colectivos, grupales, que, sumados, forman la experiencia social. El resentimiento, la vergüenza y el miedo, así como el dolor por los demás adquieren características propias de cada grupo individual de personas, la familia, el aula y la comunidad adolescente. Por lo tanto, cuando estoy en un grupo, mis sentimientos que surgen de él están mal controlados por mí, ya que hay una inducción de los mismos a expensas de la empatía. Por lo tanto, la multitud es despiadada y pobre en anticipar las consecuencias de sus emociones colectivas. Por eso es importante en el autoconocimiento poder pensar las propias emociones en condiciones especiales cuando estoy influenciado por la inducción colectiva de emociones. Todos deben considerar el alcance de la mentalidad de rebaño de uno, para no perder la cabeza y convertirse en una inspiración en una pandilla de vigilantes. Hasta el día de hoy, no puedo recordar sin disgusto mi comportamiento cuando, siendo alumnos de segundo año, el decano entregó a nuestro compañero delincuente.

Nombre De La Emocion

Cuando discutimos la estructura de los rasgos, llegamos a la conclusión de que nombrar es importante para el funcionamiento de los rasgos y su reconocimiento en uno mismo y en otro. La lista de rasgos que caracterizan a una persona juega un papel importante en la comprensión del otro, en la creación de diferentes tipos de características. Los nombres son símbolos de los rasgos. Podemos decir lo mismo acerca de la denominación de las emociones. Si lo que estoy experimentando se llama culpa, entonces las manifestaciones de esta emoción y las técnicas para reducir la tensión de la emoción serán diferentes que si se llamara con otro nombre, como vergüenza o resentimiento.

La palabra es siempre no solo un medio de comunicación, sino también un medio para coordinar el comportamiento. Por tanto, si soy culpable, busco al que ha ofendido, y esto influirá en mi comportamiento; Puedo pedir perdón y así enmendar la ofensa que he causado a otro, o puedo hacer una broma para calmar la situación. Mi comportamiento será diferente cuando esté avergonzado. Aquí es inútil buscar a los ofendidos, y tengo que tratar conmigo mismo, controlar mis pensamientos, en los que me imagino siendo juzgado y avergonzado por los demás. Identificar y nombrar con precisión la base de la vergüenza hace que sea más fácil experimentar la emoción.

La denominación de la emoción representa un tipo de simbolización de la vida afectiva. También tiene un lado negativo. Cuando la gente me dice: "¡Qué vergüenza!" incluso si no hubo vergüenza, la experiencia del sentimiento ocurrirá, aunque tal vez no tan agudamente. Nombrar el sentimiento también contribuye al contagio. Si la madre dice que se avergüenza de su hijo, el hijo se infecta inductivamente con la emoción de la vergüenza.

En el autoconocimiento es importante saber cómo respondemos a los símbolos que denotan emociones; esto aumenta la autorregulación.

Dolor

Una violación a la integridad de una persona siempre produce una reacción que llamamos dolor. Cuando pensamos en nosotros mismos, varias totalidades aparecen ante el ojo mental: corporal, funcional, manifestada en el funcionamiento de los sistemas fisiológicos; la mental, que se desintegra en emociones; la totalidad de la personalidad y la totalidad de la individualidad.

Para que la integridad sea preservada bajo los cambios e influencias del mundo exterior, es necesario tener información sobre lo que debería ser (un modelo de lo propio), y cuál es el estado real del todo aquí y ahora. Es necesario tener la capacidad de comparar y responder a esta información para tomar acciones que eliminen la violación de la integridad. Estas acciones son provocadas por la reacción afectiva a la violación de la integridad, es decir, el dolor.

El valor adaptativo del dolor es bien conocido. La ruptura de la integridad de los tejidos, como la piel, produce dolor si esta ruptura alcanza un cierto umbral. La interrupción de la función del órgano, como una vesícula biliar demasiado llena con espasmo del conducto biliar, crea dolor orgánico. En el curso de la evolución, el sistema de restauración de la integridad también ha mejorado, de modo que la mayoría de los sistemas de nuestro cuerpo tienen un sistema heredado e incondicional de reacciones que generan dolor. Cualquier sistema funcional, incluso el mental, debe también reproducirse, superando la desintegración inducida por la condición desagradable de la que es necesario librarse. Ciertos tipos de malestares que surgen cuando ciertos sistemas se desintegran dan lugar a estados de necesidades subyacentes, como el hambre o la sed. Estos sentimientos a veces alcanzan un nivel de dolor, dependiendo del grado de incomodidad.

La totalidad mental, como la personalidad, también experimenta desintegración, generando el "dolor mental" que experimentamos en la vergüenza, el resentimiento, la culpa, la envidia. La apariencia real de esta angustia y cómo la percibimos depende de la experiencia. Cuando nuestra alma es incapaz de eliminar la discordia, la ruptura de la integridad en la estructura sutil de la psique, y si esa integridad está saturada de energía, el dolor puede alcanzar niveles que superan el dolor físico. Por lo tanto, una comprensión unificada del dolor como ruptura y desintegración de la totalidad nos permite avanzar en el autoconocimiento. Los sentimientos pueden sustituirse unos a otros si la individualidad aún no está madura. Por ejemplo, el dolor abdominal en los niños suele ser el resultado de la privación del contacto corporal con la madre. Si un adulto sufre de resentimiento cuando no es amado, el mismo estado de ánimo en un niño se manifiesta en forma de dolor orgánico, lo que desconcierta al pediatra.

Pero al mismo tiempo, es obvio que la inclusión en una totalidad mayor aumenta la probabilidad del dolor de la desintegración en esa totalidad. Por lo tanto, no es difícil imaginar que la fuente del dolor de una persona pueda estar fuera de su cuerpo y solo se exprese a través de él. El autoconocimiento implica conocer el propio dolor, descubrir su naturaleza y fuentes. En general, tenemos una vaga idea de qué es lo que nos duele, por ejemplo, depresión, pérdida de estatus social, especialmente cuando sentimos la desintegración del panorama general, nuestra sociedad. Por lo tanto, es imposible que una persona sola esté completamente libre de sufrimiento sin lograr la armonía en el mundo en el que vive.

Miedo

El resentimiento, la culpa, la vergüenza, la envidia, el orgullo y el dolor son algunas emociones primarias que pueden adoptar diferentes formas. El resentimiento es resentimiento, y su estructura y la forma en que se acumula en nuestras almas son las mismas, aunque estemos más o menos resentidos con diferentes personas y sus diferentes manifestaciones. Lo mismo puede decirse de la vergüenza y la culpa. Es seguro pensar que cada uno de nosotros tiene una forma de experimentar el sentimiento de resentimiento o vergüenza. Cada una de estas emociones primarias representa una formación constante que tiene el programa y surge como resultado de la ejecución automática del programa dado. Nuestra capacidad de sentir vergüenza se forma gradualmente en el proceso de aprendizaje social: así como nosotros, cuando aprendemos a caminar, no pensamos en cómo mover los pies, sino que se mueven automáticamente de acuerdo con sus programas, implementando nuestras intenciones, de la misma manera que operan los sistemas holísticos de hábitos y habilidades mentales que crean emociones. Las combinaciones de estos sentimientos primarios se incorporan a sistemas jerárquicos más complejos, proporcionan la base, la fuente, para la construcción de la alegría, el miedo, el amor, los celos, los sentimientos de seguridad y proporcionan alimento para muchas otras experiencias. Ahora reflexionaremos sobre la naturaleza de nuestro miedo.

Cualquier emoción, y el miedo en particular, tiene funciones protectoras y reguladoras. A pesar de la sensación desagradable que surge al experimentar una emoción, esta última puede ser fuente tanto de alegría como de miedo. Ya sabemos que la alegría puede resultar de la atenuación o eliminación completa de cualquier sentimiento desagradable: vergüenza, resentimiento, culpa. Pero los sentimientos positivos también pueden ser la causa de experiencias desagradables, como el sufrimiento, cuando somos incapaces de llevar el nivel de un sentimiento placentero a las exigencias del modelo afectivo, el nivel de expectativa.

Uno podría estar muy molesto al descubrir que una comida dada no le trajo el disfrute esperado. Los tiranos matarían a sus cocineros en el proceso. Una persona puede experimentar una angustia muy grande al descubrir que el placer sexual no alcanza el nivel del orgasmo. Las mujeres comienzan a experimentar una dolorosa sensación de inferioridad cuando aprenden de un profesor que fetichiza el orgasmo que no tienen lo que "deberían ser", a pesar de que han tenido un gran placer con el contacto íntimo sin orgasmo. Por lo tanto, el sufrimiento y la alegría, el miedo y la tranquilidad, la confianza en la seguridad no provienen de la naturaleza de la emoción, sino de lo que le sucede a la emoción, lo que ha sido y lo que le sucederá.

La aparición de símbolos de emoción en el campo de la percepción provoca la anticipación de la experiencia de las emociones mismas. Si estas emociones son desagradables, el miedo es inminente. El miedo puede eliminarse por completo si detenemos la actividad predictiva de la mente.

Pero entonces la posibilidad de supervivencia también disminuye. Además, el impulso de anticipar se ha vuelto tan arraigado en nuestra actividad, un hábito tan firme, que somos incapaces de reprimirlo por un esfuerzo de voluntad.

Entonces, las fuentes del miedo son:

(a) Anticipación del sufrimiento, contra el cual las defensas disponibles son ineficaces: es imposible Ni escapar ni aliviar el sufrimiento.

b) La conciencia de que las defensas habituales son ineficaces lleva a que aunque no haya amenaza, hay miedo, pérdida de control y desintegración de la conducta.

c) Contagio del miedo de forma empática: cuando tus seres queridos tienen miedo, o muchos tienen miedo, surge el miedo, aunque personalmente tu no lo tengas.

d) Anticipar la pérdida de alegría y placer. Reflexionar sobre el propio miedo requiere una comprensión de la naturaleza del propio sufrimiento. Los tipos de sufrimiento son múltiples y, en consecuencia, hay muchos tipos de miedo.

Vamos a enumerar algunos de ellos:

Miedo de que duela, miedo a la vergüenza, a la envidia, a el orgullo, miedo de que te culpen, de que sientas repugnancia, de que dejes de amar; temer que lo mismo les suceda a otros; miedo a la muerte, pérdida de posición, prestigio; miedo de que sus deseos sean bloqueados por falta de habilidad o por casualidad. Por lo general, una persona rara vez comprende adecuadamente la fuente de su miedo. Por ejemplo, un estudiante teme un examen, aunque conoce bien la materia. Tal miedo parece irracional si no se tiene en cuenta que no es causado por el hecho de que el estudiante en cuestión resulte ignorante de alguna información, sino por el miedo a la situación de evaluación, que esta persona desarrolló como niño. No es difícil comprender que la capacidad de una persona para reducir su sufrimiento, para aceptarlo en consecuencia, reducirá su miedo. Comprender la naturaleza del propio miedo es necesario porque uno es mortal.

El miedo a la muerte se considera un miedo básico. Comenzando con S. Kierkegaard y J.-P. Sartre el miedo existencial, el miedo a la nada, la muerte, la nada es visto como el miedo de todos los miedos, que es irresistible y que tiñe toda la existencia humana. Esto es cuestionable. aunque sólo sea porque ningún ser humano tiene una experiencia auténtica de la muerte. Además, se sabe que el propio proceso de muerte y transición al estado de nada va acompañado de euforia más que de sufrimiento. Es insostenible intentar explicar el miedo a la muerte sobre la base de la teoría de la reencarnación, según la cual este miedo es consecuencia del hecho de que el alma recuerda la agonía de la muerte al final de una encarnación anterior. Si la persona que murió en una encarnación anterior realmente experimentó miedo a la muerte en lugar de sufrir por la inminente separación de sus seres queridos o porque sus planes de vida no se realizaron, o si temía que sus hijos no tuvieran a quién cuidar. ¿a ellos? Lo más probable es que el miedo a la muerte sea un miedo inducido que reúne en torno a los símbolos de la muerte todos los posibles miedos atribuidos a la muerte. Es el resultado de que todos tengan miedo a la muerte y se intimiden unos a otros con la muerte. Es hora de que el hombre se libere de este miedo.

10 Hábitos Que Controlan Tus Emociones

Algunos de nosotros somos guiados ciegamente por nuestras emociones. Otros, por el contrario, tratan de suprimir cualquier experiencia desagradable. Estas no son las estrategias más exitosas. ¿Entonces, qué debemos hacer? Escuchar nuestras emociones porque contienen información importante y gestionarlas para que no entren en conflicto con nuestros objetivos y valores.

Cuando somos conscientes de nuestras emociones y las tenemos en cuenta, tomamos decisiones más inteligentes. Cuando sabemos gestionarlas, podemos enfadarnos o "encender" nuestra alegría cuando sea necesario.

¿Por qué aprender a controlar tus emociones?

Dejémoslo claro de inmediato: desde el punto de vista del cuerpo, no hay emociones "positivas" o "negativas". Todos son necesarios para algo. Por ejemplo, la ira, el miedo y la tristeza pueden indicar peligro o que no estamos satisfechos con nuestra situación actual. La insatisfacción nos obliga a actuar, a buscar nuevos caminos y nuevas posibilidades.

Por lo tanto, no es una buena idea reprimir o ignorar las emociones. En cualquier caso, llevan información valiosa. Otra cosa es que no todo el mundo sabe "leerlas" y usarlas adecuadamente.

Desafortunadamente, también sucede que son nuestras emociones las que nos impiden hacer lo correcto. "Quería expresar mi opinión: me avergoncé y me quedé callado (aquí funcionó el miedo). Quería parecer sobrio y tranquilo - espetó y gritó".

¿Te ha pasado algo así alguna vez? Seguramente que si. Hagamos un pequeño ejercicio ahora mismo.

Piensa en un momento en que no te comportaste como querías, algo te impidió hacer lo que ibas a hacer, o por alguna razón planeaste actuar de cierta manera, y por alguna razón te comportaste de manera muy diferente.

Describa brevemente su comportamiento deseado en la columna izquierda de la tabla. En la columna del medio, describe cómo actuaste en la realidad. Y en la última columna, analiza qué emociones te motivaron a realizar ese comportamiento.

Comportamiento Deseado	Como en Realidad Actuaste?	Emociones Implicadas

En cada una de las situaciones descritas, necesitarías la capacidad de manejar tus emociones. Y para poder desarrollar esta habilidad, primero debes aprender a monitorear y ser consciente de tu estado emocional.

Primer paso: Nombra la emoción

Para ser conscientes de nuestras propias emociones, necesitamos palabras, una especie de aparato terminológico. Veamos qué son las emociones.

Hay cuatro clases de estados emocionales básicos. Estos son el miedo, la ira, la tristeza y la alegría. La palabra "clase" se refiere a un cierto espectro de emociones de diversos grados de intensidad. De 0 a 100%.

Es importante entender que las emociones siempre están ahí. Pueden ser tan débiles como quieran, pero no existe el "cero". Es por eso que usaremos un truco matemático: la designación "cero más" (0+).

miedo

| 0+% | 1 | 2 | 3 | 100% |

—----------I---I-----------

enfado

| 0+% | 1 | 2 | 3 | 100% |

—----------I---I-----------

tristeza

| 0+% | 1 | 2 | 3 | 100% |

—----------I---I-----------

alegría

| 0+% | 1 | 2 | 3 | 100% |

—----------I---I-----------

Ahora juguemos a "Sinónimos" . ¿Cómo se llama el miedo en su intensidad más fuerte? ¿Y la ira? Oh, una ira muy intensa. Ahora tristeza. Y luego, finalmente, alegría, la alegría exagerada.

Esta parte es fácil hasta ahora. Uno no se tarda mucho en pensarlo y aparecen las palabras. La mayoría de las veces son: horror, pánico, pesadilla por clase de miedo. Rabia, odio, rabia por la ira. Pena, añoranza. Y para la alegría: júbilo, felicidad, euforia.

Rellenemos la parte media (alrededor del 20 al 80% de la intensidad de la emoción). Aquí ya es un poco más difícil, aunque las palabras también se encuentran. Ansiedad. Enfado. Placer…etc.

Y finalmente, la primera parte de la tabla. Alrededor de 0+. Quizá por alegría sería "tranquilidad". - Una especie de estado donde se satisfacen todas las necesidades reales. Diminuto, pero alegría! Pero ¿y el miedo? La ansiedad y el miedo tienen un 15-20% de intensidad. ¿Y menos del 5-10%?

Sí, ese es exactamente el problema. Simplemente no hay palabras para llamar miedo, ira o tristeza en su estado más embrionario. Como resultado, nuestra tabla se parece a la siguiente:

miedo

preocupación   *miedo*   *pánico*

ansiedad   *espanto*   *pesadilla*   *horror*

---

cólera

irritación   *enojo*   *molestia*   *odio*

descontento   *agresión*   *furia*   *conmoción*

---

tristeza

tristeza   *dolor*   *angustia*   *infortunio*

frustración   *depresión*   *apatía*   *aflicción*

---

alegría

paz   *placer*   *felicidad*   *éxtasis*   *euforia*

calma   *diversión*   *gozo*   *deleite*

Entonces, ¿cómo aprendemos a rastrear y ser conscientes de los sentimientos de baja intensidad si no tenemos las palabras? Aquí hay algunas maneras de salir de la situación.

1. En realidad, el idioma español tiene herramientas para formar el vocabulario que necesitamos. Estas herramientas se denominan sufijos. Para identificar la emoción podemos usar "molestia", "tristeza", "aprensión", "pesadilla" y palabras similares.

2. También puede decir: "Siento una emoción desde el 2º grado en aproximadamente 5-8%", o "Estoy en el 1er trimestre de tristeza.

3. Si no puedes encontrar una palabra para un estado emocional, puedes usar combinaciones de palabras. Por ejemplo: "Siento una irritación inicial".

Práctica: Desarrolla la habilidad de la conciencia emocional.

Además del vocabulario emocional necesitamos algo más: el hábito de prestar atención sistemáticamente a nuestras emociones. ¿Cómo se construye? Aquí hay dos ejercicios para ayudarlo a hacerlo.

1. Recordatorios. Organice un sistema de recordatorios en su teléfono (al menos dos recordatorios al día). Hazlo al azar. En el momento de la alerta, identifique la emoción que estaba experimentando justo antes de la alerta, recuérdela y escríbala.

2. Diario de emociones. Obtenga un cuaderno o un jotter. Diariamente, registre cuáles son sus experiencias más fuertes del día pasado en su memoria. Al describir la emoción, observe también cuándo ocurrió, qué sensaciones creó en el cuerpo y qué estaba pensando en ese momento.

"Cócteles" emocionales.

¿Por qué estamos hablando de solo cuatro emociones? ¿Y dónde, por ejemplo, se relaciona el interés? Vamos a desglosarlo.

Nuestra psique tiene una función llamada "atención". Es una especie de reflejo de la actividad exploratoria del organismo. ¿Qué exploran los organismos? ¿Dónde está el peligro y dónde está la comida? Donde pueden encontrar un compañero para la reproducción y condiciones más cómodas para vivir. Las personas también exploran el universo, a sí mismas y el significado de todas las cosas.

La atención es el haz de un reflector invisible que nos muestra hacia dónde va esta actividad exploratoria. Y si el objeto de tu atención te agrada, entonces dices que es interesante.

Si piensas en términos emocionales similares como "curiosidad" y "sorpresa", en muchos casos también ves cierto grado de ansiedad.

Prácticamente cualquier sentimiento o estado emocional complejo puede ser "descompuesto" en algún espectro de las cuatro emociones básicas y algo más. "Algo más" es algún tipo de pensamiento, atención, sensación corporal y la duración de la experiencia.

Consideremos la "culpa". Cuando experimentas culpa, estás deprimido. Es un estado pesado y opresivo, con bastante tristeza y anhelo. ¿Estás de acuerdo? Tal vez también haya cierto grado de temor sobre cuáles serán las consecuencias. Y también hay cierto grado de ira, y casi inconscientemente.

Nos sentimos mal, y en el nivel del cuerpo, es la misma persona a la que hemos sido agraviados.

Espectro/Estado	Intensidad del miedo	Intensidad de la ira	Intensidad de la tristeza	Intensidad de la alegría	Algo más
Culpa	A veces lo hay, a veces no.	Intensidad diferente (muy difícil de comprender)	Intensidad suficientemente alta	-	Duración suficiente. pensamientos constantes sobre el evento que causó la culpa

Hay sentimientos que requerirían llenar una tabla entera con muchos comentarios para analizar. Intenta, por ejemplo, descomponer la palabra "amor".

Así que eres consciente de tus emociones. ¿Qué sigue? Aquí comienza lo más interesante: puedes controlarlas.

Algoritmo de gestión de emociones

El algoritmo para controlar las emociones es el siguiente:

1. Toma conciencia de tus emociones. Por ejemplo, un colega se te acerca y te pide ayuda por décima vez. Te das cuenta de que estás enojado y a punto de decir demasiado.

2. Comprenda sus objetivos en la situación actual, defina claramente lo que quiere lograr. ¿Qué objetivos puedes tener en la situación con tu colega?

- Mantén una buena relación con ella (entonces o haces el trabajo o la rechazas de tal manera que ella vaya silenciosamente a otra persona y no se ofenda en lo más mínimo).

- Muéstrate como una persona receptiva y amigable que siempre está dispuesta a ayudar (y luego haces el trabajo por ella por décima vez).

- Para volarla para que nunca se acerque a ti de nuevo (el rango de acciones posibles es amplio).

3. Identifica el estado emocional en el que serás más efectivo para lograr tu objetivo.

4. Elige una manera de lograr el estado emocional deseado.

5. Logre el estado deseado utilizando el método elegido. En el sentido más general, la gestión de las emociones se puede dividir en dos subgrupos:

Reducir la intensidad de una emoción "negativa" y/o cambiarla a otra emoción (emoción "negativa" en nuestro sentido es la que te impide actuar eficazmente en la situación).

Causar/reforzar una emoción "positiva" (es decir, una que te ayude a actuar de la manera más efectiva posible).

Y ahora pasemos directamente a los hábitos para manejar las emociones. Hay una gran cantidad de técnicas, por lo que veremos 10 de las más simples y efectivas.

Respiración

Para calmarte, no necesitas usar ninguna técnica de respiración especial o años de yoga. Será suficiente con inhalar y exhalar un par de veces.

Es importante recordar que es la exhalación la que afecta el logro de un estado relajado, no la inhalación, como a menudo pensamos. Cuando alguien nos dice: "Respira", comenzamos a agarrar nerviosamente el aire con la boca, lo que no ayuda a aliviar la tensión, por el contrario, tiene exactamente el efecto contrario.

Así que el método es muy simple: respiramos profundamente y hacemos una exhalación lenta. Y otra vez. Practícalo ahora mismo;)

La respiración es la técnica más efectiva para manejar las emociones. Lo es. No hay nada mejor. Pero para que la técnica funcione, debes entrenar con anticipación, "por adelantado", para que en el momento adecuado tu propio cuerpo venga en tu ayuda. ¡Así que entrena, entrena y entrena!

Y una cosa más. La exhalación lenta es buena para controlar el miedo o la ira, pero a menudo también necesita encontrar la fuerza para lidiar con la tristeza o el resentimiento. En este caso, es necesario, por el contrario, tomar una respiración lenta y tranquila, como si ganara energía en ti mismo, y una exhalación rápida, como si arrojara todo lo innecesario. Tal aliento tonifica y "sacude" el cuerpo.

Actividad Física

Las emociones despertadas por algo en el mundo exterior desencadenan en nuestro cuerpo las reacciones necesarias para el movimiento ("golpear o correr"). Si no hacemos ninguna de las dos cosas, la adrenalina liberada y otras hormonas se acumulan en el cuerpo, lo que lleva a un aumento de las rabietas más adelante y no sentirnos lo mejor posible. La actividad física permite que esta tensión sea "liberada".

La actividad física puede ser cualquiera, y no es necesario llegar al punto de agotamiento. Puedes dar un paseo corto, hacer un poco de ejercicio, subir las escaleras o ponerte en cuclillas varias veces.

Hay un matiz: la actividad física no ayudará si continúas "terminando" internamente. En otras palabras, necesitas poner tu cuerpo en orden, pero también tu mente.

Fuertes Gritos

A veces es útil gritar, no a alguien, sino en voz alta, en el aire, para aliviar la tensión muscular.

Este método funciona bien para aliviar la agresión y en situaciones en las que uno quería decir mucho (y todo muy descortés), pero no decía casi nada. Esta tensión se "asienta" en algún lugar dentro de la garganta, en los ligamentos y debajo, más cerca de los pulmones.

Si tienes una imaginación fértil, puedes imaginar que en algún lugar allí, dentro de ti, está atrapado con todas las palabras tácitas de irritación y resentimiento. Ahí es donde debes dejarlos salir. La pregunta es cómo.

Bueno, si tienes la oportunidad de escapar al bosque, ve a algún lugar tierra adentro y realmente grita con toda tu voz. ¿Gritar qué? Así es como quieres hacerlo. Algunas personas simplemente gritan: "¡Aaaaah!" y algunas personas maldicen y juran.

Si no hay posibilidad de ir al bosque, queda por encontrar lugares donde gritar se considere socialmente aceptable. Estos son estadios, bares deportivos y atracciones. Para algunos, también puede haber una alternativa a gritar como cantar. Luego hay bares de karaoke y conciertos de tus artistas favoritos.

Verbalizar Sentimientos

Verbalizar los sentimientos es un buen método anticuado, más comúnmente conocido por la palabra más simple, "hablarlo". Es una gran manera de reducir la intensidad de las emociones.

En este caso no estamos hablando de agresión verbal (descarar, gritar, mostrar sarcasmo). No debes confundir reportar tus emociones con mostrarlas abiertamente. Una cosa es decir con voz tranquila y calmada "Estoy un poco molesto en este momento", y otra muy distinta es gritarle a la persona con la que estás hablando.

Si le resulta difícil hablar sobre sus sentimientos, comience al menos a escribir sobre ellos (después de cada situación difícil o al final del día). Tal vez sea un diario, o tal vez sea un reportaje, un cuento o incluso un poema.

"Posición Meta"

La "Posición Meta" es un estado en el que miras una situación como si fuera desde afuera. Como si te estuvieras observando a ti mismo y a tu interlocutor, por ejemplo, desde un balcón, es decir, desde la distancia.

De esta manera puedes "salir de la situación", dejando todas tus emociones dentro de ella, y tener la oportunidad de ver lo que está sucediendo objetivamente.

Usando "meta-posicionamiento", observe cómo se mueven las personas en la situación que está observando. ¿Qué palabras se dicen el uno al otro? ¿Qué tono de voz utilizan? ¿Qué gestos utilizan? ¿Cómo se sienten en este momento? Piénsalo: ¿Qué podría querer cada uno de ellos en este momento? ¿Cómo podrían ponerse de acuerdo al respecto?

Intenta practicar esta habilidad ahora mismo. Mira desde afuera a la persona que lee el libro. ¿En qué posición está sentado? ¿Está cómodo? ¿Qué emociones está sintiendo en este momento? ¿En qué está pensando?

¿Has podido verte desde fuera? En un momento tenso es un poco más difícil de hacer, pero vale la pena intentarlo. Al desprenderse de la situación, reducirá inmediatamente la intensidad de las emociones que está experimentando.

Esquema ABC

Para entender este método, necesitas saber que las emociones se dividen en primarias y secundarias.

Las emociones primarias surgen como una reacción directa a un evento.

Las emociones secundarias son nuestras reacciones a una evaluación lógica de una situación.

El trabajo en el esquema ABC está dirigido a la gestión de las emociones secundarias. Consideremos un ejemplo de la vida de una adolescente.

Hace algún tiempo una chica conoció a un joven en una discoteca. Se gustaron de inmediato, bailaron mucho juntos y, al despedirse, el joven le pidió a la niña su número de teléfono. A ella realmente le gustaba. Sin embargo, han pasado tres días y el joven todavía no ha llamado.

¿Qué emociones pueden surgir en esta situación (A)? Resentimiento, tristeza, desánimo, anhelo... Tal vez incluso desesperación. Parece haber una conexión directa entre el evento y los sentimientos: "Él no llama" - "La niña se molesta y llora".

Sin embargo, el esquema se llama ABC por una razón: entre el evento y las emociones, también hay una B: algunos pensamientos, ideas (la mayoría de las veces "malos").

¿Qué tipo de pensamientos pueden surgir en una niña? Lo más probable es que algo como: "Se olvidó", "Probablemente tiene a alguien más", "No le gusto", "No está interesado en mí".

Toda la cadena se ve así: "Él no llama" (situación A) - "Así que no le gusto" (pensamiento B) - "Me enojo y me deprimo" (emoción C).

Ahora imaginemos que la niña evaluó la situación de manera diferente. "Tal vez está muy ocupado con algo en este momento" (emoción - calma), "Probablemente tenga miedo de llamarme él mismo" (calma), "Así que este no es mi caso" (calma y tal vez una ligera tristeza), "¿Tal vez algo le pasó?" (preocupación leve).

En esencia, esta tabla es una declaración más estructurada de la sabiduría antigua "No puedes cambiar la situación, cambia tu actitud al respecto". Debe tratar de evaluar el evento de manera diferente, lo que a su vez conducirá a otras emociones.

Cuida Tu Cara. Mantén Una Cara Tranquila

La "receta" más básica es tan simple que incluso molesta a muchas personas: "Para eliminar una emoción innecesaria, simplemente guarde la cara equivocada. Arregla tus ojos y labios. Lo principal es hacerlo de inmediato, mientras que la emoción aún no se ha desarrollado". Si sabes cómo hacerlo, la emoción disminuirá inmediatamente. Si esto es difícil para ti, practica la habilidad de la presencia silenciosa.

Desarrollar la habilidad de la presencia tranquila es una de las formas más fáciles y efectivas de manejar las emociones. Los indios saben controlar sus emociones porque saben mantener la calma. El entrenamiento de los reclutas en el Ejército comienza con el "¡Atención!" correo y muchos otros procedimientos y rituales diseñados, entre otras cosas, para dominar la habilidad de la presencia tranquila. Los nuevos reclutas son niños normales, es natural que se encojan y se pongan nerviosos, por lo que es inherente a ellos tener miedo, resentimiento y frustración. El ejército les enseña a mantener la calma ya través de eso a manejar sus emociones, para poder mantener el autocontrol y la fortaleza en las situaciones más difíciles y exigentes.

Gestiona Tus Pensamientos

Nuestros pensamientos guían nuestra atención. Si prestamos atención al lado positivo de la vida, desencadenamos estados positivos. Si nuestra atención se centra en la adversidad real o posible con nuestros pensamientos, es más probable que ocurra la negatividad. En este caso, la sabiduría no es no ver las dificultades de la vida, sino tratarlas constructivamente: eliminar la posición de la víctima y traducir los problemas en tareas.

Si los pensamientos negativos dan vueltas y vueltas, deben detenerse. ¿Cómo? La mejor manera es cambiar a otros pensamientos más positivos, y es mejor hacerlo de manera confiable en voz alta. Habla contigo mismo en voz alta, sí, esto es necesario. Otras opciones: cambiar a imágenes brillantes y positivas, imaginar un arco iris, hermosas flores ... Como regla general, esto ayuda bien a las mujeres y los niños.

Un gran trabajo separado es trabajar con las creencias que están detrás de la mayoría de las reacciones emocionales.

Claves Emocionales

En un gran número de situaciones, las personas manejan sus emociones sin darse cuenta de cómo lo hacen, incluso si usan teclas especiales de emoción para desencadenar o detener la emoción. La clave más simple y efectiva de las emociones es la expresión facial y la imagen corporal: si los invitados vienen a ti y necesitas expresarles tu alegría sincera, comienzas a saludarlos con alegría, cuidarlos, probablemente abrazarlos, y tu rostro está vivo, cálido y abierto: casi inmediatamente después de eso ya sientes alegría sincera.

La mayoría de las personas atribuyen esto al hecho de que es "porque las personas son agradables", sin darse cuenta de que la verdadera razón 1) en el lanzamiento de sus emociones clave kinestésicas y 2) en el intercambio de emociones positivas con sus invitados, apoyándose y relajándose mutuamente.

Por el contrario, el comienzo del resentimiento, hasta que se desenrolla, no es difícil de eliminar simplemente relajando la cara, exhalando, bajando el volumen de sus declaraciones, suavizando su redacción y, especialmente, su entonación. Quien quiera, siempre encontrará formas de levantar o cambiar su estado de ánimo, de eliminar emociones innecesarias o de prepararse para esto o aquello. Reúnase con amigos, ponga música alegre, vaya de compras, duerma un poco.

Reformulación

Replantear significa que la situación en sí sigue siendo la misma, pero solo lo vemos en un contexto diferente, es decir, cambiamos el marco.

Tomemos, por ejemplo, el contexto temporal: ¿recordará esta situación dentro de 10 años? Si es así, ¿cómo lo evaluará? ¿Qué emociones tendrás?

O este contexto: imagine que su hijo trajo una "C" de la escuela. ¿Cómo te sientes al respecto? ¿Y si es la única "C" en la clase para una prueba, para la cual todos los demás obtuvieron una "D"?

Muchas personas probablemente estén familiarizadas con esta forma de replantear: pensar en aquellos que están peor. O pensar en algunas de las peores situaciones, en comparación con las cuales lo que está sucediendo ahora es un mero detalle de la vida.

Para encontrar el marco dentro del cual la situación comienza a evocar otras emociones, debemos centrarnos en encontrar lo positivo. Imagine que su hijo se peleó con sus compañeros en el patio y regresó con una manga rota en su chaqueta. ¿Qué tiene de bueno eso?

En primer lugar, es bueno que no se haya lastimado a sí mismo.

En segundo lugar, es bueno que sepa cómo defenderse.

En tercer lugar, lo bueno es que solo se rasga la manga, no toda la chaqueta.

Y estas no son fantasías, son hechos objetivos. La mayoría de las veces nos centramos en lo desagradable, lo que nos causa las emociones correspondientes, pero de la misma manera puedes ajustarte para notar lo bueno. Esencialmente, el replanteamiento le permite ver la situación como realmente es. O lo más cerca posible de ella.

Conclusión

Controlar las emociones no debe presentarse como una tarea particularmente difícil, pero tampoco debe simplificarse demasiado. De hecho, no todos saben cómo manejar sus emociones, y no todas las emociones se pueden manejar en principio. Ser capaz de controlarse a sí mismo en situaciones difíciles de la vida es una tarea separada que requiere conocimientos especializados.

La tarea de gestionar las emociones suele resultar difícil precisamente porque la ponen personas que ya han pasado por alto el momento de la emoción, que no han impedido su aparición, que no han impedido las acciones de otras personas que les han creado esas emociones. . Al mismo tiempo, si una persona adopta una posición de liderazgo más activa y desencadena sus propias emociones y las de los demás antes de que lleguen las oleadas de emociones de los demás, ya no necesita controlar sus propias emociones. Él está por delante de la curva y controla la situación por sí mismo.

En pocas palabras: no todos saben cómo manejar sus emociones. No todas las emociones se pueden manejar en principio. Pero la capacidad de controlar las emociones se puede desarrollar si te propones tal tarea. Puedes aprender a gestionar las emociones de forma independiente con los recursos de este libro o recurrir a especialistas en centros especializados. En este último caso, es importante que los especialistas estén altamente calificados y que los centros estén probados en el tiempo.

¿Qué te ha parecido?

"¡Ya estoy deseando saber de ti!" Tus opiniones y sugerencias son valiosas para mí. Estaría feliz si pudieras dejar una reseña rápida en Amazon. Es cierto que tu apoyo marca la diferencia. Personalmente leo todas las reseñas y recibo tus comentarios para mejorar mis libros.

¡Gracias por tu lectura!

ACERCA DEL AUTOR

Daniel Bastida es un inmigrante cubano que vive en Canadá. Es licenciado en informática y además de hablar español e inglés, también habla y escribe francés. Actualmente vive en Montreal, Canadá.